JN439456

괜찮아 차밍걸

푸른하늘 시인선 001

괜찮아 차밍걸

서담 시집

이인북스

시인의 말

양지쪽에서는 개나리 진달래가 만발할 때

응달의 눈은 녹지 않으려

서로의 체온으로 꼭 껴안고 있다

응달에서 웅크리고 있던 나의 글들

시라는 이름으로

종이비행기를 접어 날려 보낸다.

2020 봄

| 차례 |

제1부

제2부

제3부

제4부

제1부

꽃 도둑

가게 앞 화단에 심어놓은 꽃이 자꾸 없어졌단다
경찰에 신고해 범인을 잡고 보니
70대의 빼빼 할아버지

한 열흘 사이에 훔친 목록은
튤립 세 뿌리, 장미 한 뿌리에
일찍 핀 모란 두 송이

오물오물
입이 게워내는 사연인즉
그와 함께 사는 사람은
꽃을 좋아하는 90세의 노모
치매도 모자라 백내장을 앓고 있다

어느새 노모만치 늙어버린 아들은
돌볼 가족도 없는 기초 생활 수급 대상자

어버이날을 앞두고 도둑이 되었는데
꽃이 장물이 될 줄은 몰랐어라

파치

—새벽에 그물 작업 한 거야
앞집 할머니가 놓고 간 꽁치 다섯 마리
스티로폼 상자 속에 누워 있다

꽁치처럼 우리 형제들
한방에서 등을 대고 자라났지
아버지는 말씀하셨지
더 너른 세상으로 나가야 한다

파도 넘고 물살 가르며 꿈을 찾아
긴긴날 유랑하던 그 바다 그 물결

덥석 잡혀서는 그물 찢고
다시 헤엄쳐 나가고 싶었겠지
뭍으로 넘겨지기 전에
팔려나가 길을 잃기 전에

버둥거리고 파닥거렸지만

결국 죽는 복만 타고나
꽁치로도 못 팔리고
상자 속에 누워 있는 파치 다섯 형제

하은이네 집

중랑역 1번 출구 세 번째 골목 파란 대문을 열고 한 계단 한 계단 내려가면 벽지에 분홍, 보라, 노랑 달과 별이 밤낮으로 떠 있는 집, 바퀴벌레와 개미와 하정이 하은이 하경이와 끊이지 않는 웃음소리가 사는 집

밥 먹다 말고 손님 왔다고 골목 시장으로 뛰어가 깻잎 김치 오징어채볶음 고추조림을 들고 와 설렁탕집 깍두기 접시에 담아 '나로 환난을 벗어나 근심을 없게 하소서'가 코팅된 앉은뱅이 밥상 위에 올려놓고 감사 기도부터 드리는 집, 가스레인지에 딱 불총을 쏘아 노란 양은 냄비에 팔팔 끓인 물을 냄비의 두 귀를 잡고 다방 커피에 부어 주는 집

곰팡이 화장실에서 중심 잃은 통돌이 세탁기가 제 속을 탕탕 치며 빨래하는 소리 요란한 집, 아들 하나만! 하는 엄마 배보다 더 불룩한 티브이가 서랍장을 무겁게 내리누르고 있는 집, 창문 열면 앞집 회색 담장만 보이는 집, 담장 사이로 들어온 햇빛 한 줄기가 종일 천장만

바라보고 누워 있는 세 돌배기 하은이 얼굴을 투명 그림으로 간질여주는 집

야채 트럭 행상 마치고 돌아온 아빠가 가로등 불빛을 한 계단 한 계단 밟으며 '하은아' 하고 부르면 쪼르르 달려나오는 하정이 하은이 하경이보다 달빛이 먼저 아빠를 감싸 안아주는 집

석유가 나무를 먹는다

일렬로 날 세운 톱니
낙엽에 코를 들이박는다
넓적한 혓바닥을 내밀고
빗물을 빨아 먹는다
햇볕을 핥아 먹는다
헉헉 숨이 차다

그르렁그르렁 가래 끓는 소리
덜덜 떨다 덜컥 눕는다
몸통 가운데 박힌 둥근 입을 벌리고
석유를 쿨컥쿨컥 삼킨다

석유가 일어선다
햇빛을 자른다
바람을 가른다
울퉁불퉁한 시간을 벗긴다
한 살 한 살 벗겨 먹는다

나무의 결마다 불꽃이 튀어나온다
순간, 허공이 번쩍 갈라진다
온몸을 불꽃으로 장식한 전기톱이
게걸스레 나무를 먹어치운다

무릎 꺾이는 소리

투두둑
투둑
툭
납작 줄줄
어우러져 흐른다

부처님 칠성님 신장님 전에
오체투지로 흐른다
백팔 배, 일천 배, 삼천 배로 흐른다

젖은 목탁 소리
무거운 법당 문을 들락거리고

새벽으로 질척질척 건너가는
건봉사 마당 석탑을 돌며

툭
투둑

투두둑

납작 줄줄

무릎 꺾이는 소리 홍건하다

남의 집만 지어 주씨

모델하우스 오픈하는 날은
사람들은 집 구경하고 주씨는 취하는 날
아파트 접수하는 날은
사람들은 줄 서고 주씨는 취하는 날
아파트 계약하는 날은
사람들은 도장 찍고 주씨는 취하는 날

분당에서 용인, 동탄, 세종을 거쳐 위례까지 신도시만 도 몇 천, 몇 만 채를 지었다는 주씨, 말죽거리에서 살던 무허가 집이 헐리고 받은 입주권 팔아 간신히 입성한 서울 변두리의 삶도 낮에만 올리는 품삯으로는 밤낮으로 올라가는 전셋값을 따라잡지 못해 결국 2년 만에 서울살이 작파했다는 주씨, 안양, 하남, 덕소를 거쳐 경기도만 맴돌던 경기도 토박이, 한때는 나도 서울살이 해봤어 하는 주씨

강원도에 와서도 내가 철근을 넣어야만 아파트가 한 층 한 층 높아진다고, 우리나라에서 알아주는 아파트 잘

짓는 회사에서 일한다고, 20년이 넘도록 나를 불러주는 소장님이 있다고 21층 아파트 옥상을 넘길 만큼 자랑을 쌓아 올리는 주씨

층층이 숨구멍도 없는 아파트에 살다가 불이라도 나면, 지진이라도 나면, 개구쟁이 내 손주들 난간에서 떨어지면, 고층 아파트 무서워 난 못 살아 고개 저으며, 강원도로 경기도로 충청도로 농가 주택을 열심히 알아보고 다니는 주씨의 머리칼은 온통 하얀색

그때는 안 보였다

5년 전인지 6년 전인지
아무튼 나는 두 번째 걸음인데
올 때마다 비는 억수로 쏟아지고

의상대사, 사명대사가, 만해 한용운 시인이 머물렀고
한때는 조선 4대 사찰 중 하나였다는
나옹선사가 '건봉사'라 했다는 절

오자마자 자리에 누워서
예불은 한 번도 참석 못 해도
끼니때면 공양은 하러 간다

공양소 가는 길목에 엎드려 있는 송아지만 한 개
억새꽃 같은 털로 온몸을 덮고
사람을 봐도 보는 둥 마는 둥 짖지도 않는다

지난번 왔을 때도 있었는지 없었는지
예불 시간마다 부처님 바라보며

'굽어 살펴주십사' 허리 굽혔다 폈다
앞산 뒷산 바라보며 '참 좋다'
하던 밝은 눈에 보이기나 했으려나

삼복더위에 이불 뒤집어쓰고 누웠다가
간신히 공양하러 가는 어슴푸레한 눈에나 보인
새끼 때부터 이곳에 있었다는 늙어 자리보전한 개가

아이폰에서 베가레이서까지

'밥 군 것이 떡 군 것만 못한 법이지'
법까지 들먹여가며 엄마가 노상 쓰던 말이다
휴대폰을 들고 이렇게 뜨광하게 앉아 있는 나를 본다면
또 한 번 들먹였을
'밥 군 것이 떡 군 것만 못한 법이지'

아들이 외국 나가면서 화상통화 하자며 사준 '아이폰'
무딘 손가락은 작고 빼곡한 글자판을 두들기면
엉뚱한 글자만 튀어나오고
서너 달 견디다 서울 나간 김에
—자판 큰 것으로 바꾸고 싶은데요
매장 한켠에서
—제 것하고요
소리치며 잰걸음으로 다가온다
—음성통화하고 문자만 잘 되면 되거든요
—그것들은 진짜 끝내줘요
주머니에서 꺼내 만지작만지작거려 건네준 휴대폰
3개월 된 '아이폰'이 언제 적 것인지도 모르는 '갤럭시'로

글자 몇 자 치면, 서비스가 되지 않는 기종입니다
하는 메시지에 고개를 갸웃거리는데
왜 문자가 안 들어가 하는 친구 말에

또 다시 찾은 동네 매장
—이 기종에 맞지 않는 타사 칩이 들어 있으니 MS가 안 되지요
—웃돈 없이 음성, 문자만 잘 되면 되거든요
구형이지만 음성, 문자 문제없어요
진열장 밑 폐품 보관함 같은 곳에서 꺼내 준 휴대폰
'갤럭시'가 요즘 돈 들여 구경하기도 힘든 '베가레이서'로

중앙차선을 베고 눕다

아차의 순간이었다
중앙차선을 베고 모로 누웠다
쭉 뻗은 앞다리
펴다 만 뒷다리

꺼져가는 숨소리 들린다
지나가던 비가 아직도 털을 촉촉 적시고 있다
등에 박힌 둥글고 까만 점
고무공처럼 툭 튀어 오를 준비를 하고 있다

식은 몸 주변을 맴도는 비명
비닐하우스 안 분재를 들여다보던
낯선 얼굴, 도망가는 발을 뒤따라오다가
기어이 튀어 오른 까만 점과 함께
명줄 끊는 소리

오래된 휴게소

매진, 매진, 매진……
피서철 주말 낮차 밤차 다 떠나보내고
심야버스 타고 오다가 보았다
비는 추적추적 내리는데
문 닫은 국도 변 휴게소가
트럭 한 대 품고 있는 것을

거북등처럼 땅에 납작 엎드린
폐가처럼 문패도 떼어 버리고
잡초가 입구를 막고 있던 휴게소

저 트럭은 어떻게 찾아들었을까?
제 몸집보다 큰 등짐을 지고
한숨 같은 매연을 내뿜으며
끄억끄억 찾아들었으리라

날이 밝으면 트럭은
가던 길 재촉해 떠나리라
빗물 고인
깊은 바퀴 자국만 남겨놓은 채

남편 찌개

미나리, 쑥갓이 단으로 들어가고
고춧가루 마늘 생강 파
갖은 양념으로 냄비를 채워도
붕어 한 마리만 들어가면
그건 붕어찌개

—민숙이 년이 나보고 등신이란다
생각해봐라 이 나이에 끝장이라니
그게 말처럼 쉽냐고
지가 왜 내 집 마당에 감 나라 대추 나라 해

서너 달 전 삼십여 년 만에 연락 닿은 친구 복희
오늘은 대뜸 욕으로 시작이다

—가관이다 가관, 화자 경희 이 가시내들까지
술김에 꺼낸 답답한 속말
덮어주지는 못할 망정 온 읍내로 까발리고 다닌단다
너도 알지, 딸만 다섯에 징그럽게도 가난한 우리 집

이 물건이 잊을 만하면 내 염장을 지르기는 해도
처제들 뒷바라지에 우리 엄마 아버지한테는 나보다 잘했다
맏사위 노릇 톡톡히 한 거지
내 손에 아이스커피 얼음은 다 녹아가는데
전화기 건너편에서 복희 속이 부글부글 끓는다

—그래도 이건 아니지, 정말 아니지
손자보다 어린 자식이라니
뜨거운 김 후욱 내뿜는다
누르고 있던 뚜껑 확 밀치고
엉엉엉 왈칵 넘쳐흐른다
민숙이, 화자, 경희 몽땅 집어넣어도
복희 속에서 부글부글 끓고 있는 건
남편 찌개

신발의 높이

번호표 뽑아 들고 기다리는 대기자들처럼
신발장에 나란히 앉아 있는 신발들

콧대 높은 7센티미터 하이힐 건너뛰고
톡톡 튀고 싶은 5센티미터 빨간 미들 눈만 맞추고
씰쭉쌜쭉 3센티미터 앞뒤 트임 샌들 신어봤다가
운동화로 바꿔 신는다

신발장 열고 가끔 눈 맞춤 했는데
꺼내 신어보기도 했는데
봉투에 담아 수거함 가려다 다시 꺼내놓기도 했는데
이젠 몽땅 정리할까 하는데

발의 속셈을 읽는 신발들
반질반질한 얼굴 내밀고
신발의 높이는 자존심의 높이라고
한 번 낮추면 다시 높일 수 없는 게
신발의 높이, 자존심의 높이라고

신발장 문이 닫히도록
하이힐, 미들, 샌들, 목 긴 부츠가
운동화 뒷굽을 애처롭게 바라본다

괜찮아 차밍걸

101전, 101패
백한 번이나 뛰었다
한 번도 포기하지 않고 끝까지 뛰었다. 너는
과천 바닥에서
너를 향한 박수 소리에도 뛰었고
나를 향한 박수에도 뛰어야만 했다
경주마 여덟 살은 환갑, 이곳을 떠나야 한다, 너는

괜찮아 차밍걸
나에게 등을 내어주렴
등에 올라 발뒤꿈치로 옆구리를 쿡 찌르면
혀를 말아 또로록또로록 굴리면
나와 함께 달리는 거야

숙였던 고개를, 꼬리를 들어 올린다
발이 주춤주춤 앞으로 나아간다
다리가 허공을 가른다
뿌옇게 일어서는 먼지

몸이 하늘로 솟는다

뒤돌아보지 마, 차밍걸
네 가느다란 고삐 줄에 나는
남은 생을 걸었어.

생

쇠갈고리에 붙들려 있는
동그랗게 말린 파란 길에
불총이 '땅' 하고 불을 붙인다

불이 지나간 길이
토막토막 떨어진다

손톱만큼 남은 파란 모기향 곁에서
구부정한 허리를 말고 자던
노인이 몸을 일으킨다

어슴푸레한 눈으로
토막들을 내려다본다
열심히 숨을 쉬어 태운 시간들

짧디짧은 여름 밤

손가락 사이에 끼인 담배 개비에서

재가 툭 떨어진다

앗! 뜨거!

복제양 돌리

훼미리마트, 굿모닝마트가
파리바게뜨가
바베큐치킨이
베트남쌀국수가

만화책을 넘기던 길수가 어서오세요 하고 가게에 딸린 방에서
문에 매달린 땡그랑 종소리 듣고 나올 것 같고
영순이 엄마가 등에 업은 아이를 어르다가 봉지에 주먹처럼 두툼한 찐빵을 담아줄 것 같고
구레나룻 텁수룩한 허씨가 허허허 웃으며 닭을 도마에 올려놓고 토막 내서 까만 봉지에 보이지 않게 싸줄 것 같고
머리에 수건을 쓰고 펑퍼짐한 꽃무늬 바지를 입은 순덕 할매가
그릇이 비기도 전에 뜨신 국물 한 국자 채워줄 것 같은

길수네 점방, 영순네 빵집, 허씨네 닭집, 순덕할매 잔칫

국수를 밀어내고

전철역, 버스정류장, 아파트 입구마다

분점들을 쑥쑥 틀국수 뽑듯 뽑아내고

이런 건 일도 아니라는 듯

빵틀에서 한꺼번에 나온 붕어빵처럼 튀어나온다

여기저기 복제양 돌리가 문을 열고 나온다.

휴대폰의 하루

"여보세요"

—김 씨 휴대폰 아닌가요?

오전 12시 30분

취한 남자의 목소리

—전화번호 바뀌었습니다

고속버스 승차권 8,600원 결제

삼거리주유소 10,000원 사용

새해엔 집사님 가정에 주님의 은총이 가득하길(오권사)

어머님, 오늘 지은이가 학원에 오지 않았습니다 (무지개미술학원)

할머니순대국 13,000원 결제

제목 2월 전기요금고지서 미납

계약전력 3kw 기본요금 1,600원, 전력량요금 40,644원, 복지할인 16,000원……

—납니다

굵고 낮은 남자의 음성

—네에?

—김○○ 씨 핸드폰 아닌가요?

—네, 전화번호 바뀌었습니다
○○마트 4,250원 결제
—집 주인인데요 월세 때문에 전화했어요
기를 팍 꺾는 젊은 여자의 목소리
—며칠 전에 전화번호 바뀌었습니다
옛맛손만두 7,200원 결제
○○문구 12,000원 잔액 부족으로 승인 거절
○○문구 5,400원 결제

바닥

오늘을 버틸 수 있는 건
순전히 바닥의 힘이다

배밀이를 할 수 있는 것도
배를 받쳐주는 방바닥의 힘이고
기어 다닐 수 있는 것도
무릎을 받쳐주는 바닥의 힘이다

하늘에서 비가 마음 놓고 떨어질 수 있는 것은
땅바닥의 정직함을 믿기 때문이고
나무들이 사철 허공으로 몸을 세울 수 있는 것은
한쪽으로 쉽게 쏠리지 않는
바닥의 굳은 심지를 믿기 때문이다

한 장에 만 원, 만 원 하고 손님을 붙잡는 목소리도
그 값이 바닥이기 때문에 힘이 들어가고
지하도에 종이상자를 깔고 누워 있는 잠도
바닥의 밑바닥 힘을 믿고

다리를 뻗을 수 있는 것이다

바다이 없으면
넘어진 무릎이 무엇에 기대 일어설 수 있겠는가

제2부

앵두청

설탕하고 몸 섞는 중이야 달콤하게
다시 꽃 피워 물들이는 중이야 분홍으로

바람은 술술 시간을 풀어 넣어주고
따사로운 햇빛 줄기 녹아들어
겨드랑이가 간질간질
살갗은 부풀어 터질 것만 같아

사각사각 몸에서 꽃 피는 소리
나폴나폴 나비는 떠날 줄 모르고
벌도 윙윙 다퉈 날아들어
파란 몸이 사춘기 소년의 목소리처럼 발갛게 변해가

탱글탱글한 몸의 탄력을 내려놓는 중이야
흐물흐물 살을 풀어버리는 중이야
새의 다리가 꺾이는 중이야
마음을 지탱해온 시간의 뼈들
바스락바스락 바스러지고 있어

뼈가 있었다

다리를 건널 때
주저앉지 않았던 다리 속에는
살이 감추고 있는 뼈가 있었다.

한 등 한 등 딛고 오를 때
무너지지 않았던 계단 속에는
엎드려 있는 등뼈가 있었다.

나는 여직
뼈를 밟고 다리를 건넜고
뼈를 딛고 여기까지 올라왔다.

등나무

쉽게 말하지 마라
꼬이지 않는 생이 어디 있더냐

바닥을 기기는 싫었다
죽은 나무에 기대서라도
일어서고 싶었다

무릎 꿇기는 더더욱 싫었다
내 몸 주리를 틀어서라도
오르고 싶었다

보라 꽃등으로
어스름한 계절 환히 켤 때까지

울안에 심으면 일 꼬인다고
그렇게 말하지 마라

안과 밖이 따로 있더냐
꼬임과 풀림이 다른 줄기이더냐

설익은 것

찰기라고는 하나 없이 각자 노는 밥알 같은 것
무쇠솥에 넣고 한나절 뜸 들여야 서로 어우러지려는지

갓 뽑힌 배추처럼 고개 빳빳이 세우는 것
소금물에 푹 담갔다가 양념 버무려 땅속에
서너 달 삭힌 뒤라야 누구의 밥숟갈에서든 공손해지
려는지

된풀 먹고 뙤약볕에 마른 홑청같이 쇳소리나 내는 것
박달나무 홍두깨에 둘둘 말아 방망이로 두드려 풀을
죽여놔야
나긋나긋 나비춤을 추려나

바다에서 막 건져 올린 멸치같이 사방으로 튀는 것
막소금 술술 뿌려 뒤란에 한세월 잊힌 듯이 두어
뼈까지 녹아내려 네 몸 내 몸 형체 없이 곰삭아야
마음 구수해지려는지

첫 밥숟갈 위에 아삭아삭 감칠맛 나는 겉절이도 못 되고
길고 긴 겨울밤 구풋하면 생각나는
첫사랑 같은 간물 동치미도 못 되는

풋내 풍기는 초여름 비에 떨어진 땡감 같은 것을

청바지

어디로 가야 할지 모르는
삼거리 같은 청바지

빛 바랠까 찬물에만 빨았었는데
뒷골목 같은 통 속에 넣어
마구 돌리고 싶지도 않았었는데
어찌나 뻣뻣하던지
손이 딸려 들어갈 뻔했는데
비틀리지도 않아 물에서 건져
빨랫줄에 척 걸쳐놓았었는데
햇빛 받을수록 푸르른 윤기가 도는
가로수 같은 청바지

뒤집히지 않으려고 그렇게도 뻔대더니
양복 입고 다니던 첫 직장
해고인지 사표인지 집어던지고
퍼런 서슬은 바래고
너덜거리는 단 끝에 붙어 있던

현란한 골목들의 불빛도 사그라들었지

무릎이 툭 튀어나온 작업복
어슬렁어슬렁 걸어가고 있네
구부정한 허리를 받치고
낡은 짐자전거 따라
삐걱거리네 뒤뚱거리네

투견

눈싸움에 지면 끝장이라고
목소리에 겁먹으면 해보나마나라고
꼬리 내리고 무릎 꿇는 건
죽기 전엔 안 된다고
등을 토닥였다

잡아먹기 위해
무게를 늘려 팔기 위해
기름진 음식으로 배를 채워주는
야비한 주인이 아니라고
세상에 나가 지지만 말라고
끝까지 살아남아만 달라고
머리를 쓰다듬어주었다

보신탕집으로 끌려가는 뒷모습에
눈물 흘리고 싶지 않다고

싸워 이겨야 한다고, 넌
뒷걸음이나 치는 바보는 되지 말라고

봄이 가네

울 밖이 궁금한 개나리
몸살로 담을 넘었다

차도에서 모이를 쪼는 비둘기는 간도 크다
유엔난민기구는 '두 손 모아 난민 보호'를
양은냄비는 두 손 벌리고 돈을 기다린다
공중전화는 박스 문을 활짝 열고
오지 않는 사람을 내다본다

소식이 언제 끊겼을까
길모퉁이에 서서 헛구역질하는 우체통

길가 벚꽃나무
연분홍 꽃으로 봄 마중이 언젠데
가지 한가득 이파리로 봄을 배웅하나

본 듯 못 본 듯 세월은 가던 길 간다

결속

베어내다 베어내다
한 움큼 쥐고 잡아당긴다
꼼짝도 않는다

호미로 뿌리를 찍는다
단단한 땅이 되받아친다 다시
내리치는 호미에 걸린 뿌리
있는 힘껏 잡아당긴다
호미가 되레 끌려간다

잘려나가는 잎을 보며
붙들어주지 못한 걸 책망하며
어둠 속에서 다졌을 것이다
잘릴지언정 뽑히지는 말자고
흙하고 홍정도 벌였을 것이다
마당 귀퉁이에 자리 잡고
함께한 세월이 얼마냐고

손가락 발가락 단단히 걸고
흙과 바람과 한 덩어리 된
풀뿌리들의 몸단속

상처를 팝니다

"흠집 있고 모양이나 빛깔은 못하지만
맛과 당도는 뛰어납니다"라고 겉봉에 쓰인
'보조개 사과' 한 봉지 샀다

보조개는 어디에 숨겼나
이름이 예쁜 사과
값보다 열 배는 더 묵직하다

선물로 받은 금메달 사과 한 상자
하나하나 꺼내 살펴본다
엉덩이가 살짝 삐뚤어진 것
나무껍질처럼 터실터실 살갗이 튼 것
좁쌀 같은 누르스름한 점이 박힌 것
햇빛 제대로 못 받아 푸르뎅뎅한 것

모든 사과는 위아래 움푹 파인 보조개를 갖고 있지
금메달 사과든 황토 사과든
상처 없는 과실은 한 알도 없어

과실이든 인생이든 제값 하는
상처로 맛이 드는 법이지

옷장 속 바바리코트의 말씀

옷장을 열면 바바리코트의
연한 베이지색 말씀이 들려온다

서울 왔을 때 너와 함께한
창경원 벚꽃 구경 참 좋았어야
지난겨울 몹시도 춥더니
분꽃이 곱고 향도 아주 달구나
날씨만 추워도 울던 유난히 눈물이 많았던 너
주머니에서 곶감 하나 꺼내 입에 넣어주면
곶감의 단맛과 울음을 얼른 바꾸곤 했지

친정집 들를 때마다
딸의 모습 보이지 않을 때까지
대문을 닫지 못하고 서 있던 어머니
뒤돌아보고 다시 돌아보아도
손을 내리지 못하고 이별을 거두지 못하던 어머니

평소 아껴 입으시던 미국산 바바리코트

손수 입혀주시곤 바로 먼 길 떠나셨지
살아서 줘야 입기 좋겠지야

봉황리 우물

우물은 마당 한켠에 조용히 있었다
여름에는 참외 수박을 둥둥 떠안고
줄에 매달린 막걸리 주전자도 종종 품에 안았다

수도가 들어오고 나서는
빨래나 등물을 치는 허드렛물로나 쓰였고
마을에 이질이나 장티푸스가 돌면
아예 나무판자 덮개로 봉해졌다
그러면 우물은 깎아지른 돌 벽에
풀포기를 키우며 쓸쓸함을 견뎠다

달포가 멀다 하고 마을에 나타나던 점쟁이
지나다 목이 말라서
중얼거리며 깊이를 확인하듯
짙푸른 우물 속으로 두레박을 던졌다

이 집에 인물 나겠어, 그것도 큰 인물이야
저 실하고 새파란 이파리 좀 보시게나

토방에 놓인 신발을 훑어보며 뱉은 점쟁이 말에
무거운 방문이 드르륵 열렸다
큰 걸음으로 우물가로 내려간 어머니
점쟁이를 안방으로 들여 한상 대접을 했다

이후 우물 근처에는 구정물도 버리지 않았다
얼마 되지 않아 한 아이의 생일 밥이 차려졌다
팥을 섞은 찰밥은 고이 모셔지던 새벽 우물물이 지은 것이었다

황금 바나나

미국 간 지 3년 만에 돌아오신 어머니
그날 어머니의 노란 양은 들통 속엔 황금이 한가득 들어 있었지

—비행기 잘못 탄 줄 알았어요. 사람들 다 나오도록 보이지도 않고
—말도 마라 무슨 그런 법이 다 있다냐. 뺏을 것이면 애시당초 그쪽에서 뺏을 것이지. 여기까지 가지고 온 걸 못 갖고 나간다니. 한 발짝도 못 움직인다고 버텼다. 사방팔방으로 전화를 하고 왔다갔다 여직 애를 멕이더니 인자사 선심이라도 쓰대끼 가지고 나가라고 안 하냐

—그 들통에 뭐가 들었길래
—바나나다 바나나
—노인네가 열 시간 넘게 비행기 타는 것도 힘든데 그런 건 왜 가지고 와. 안 된다면 그냥 나올 일이지 밖에 있는 사람 애타는 건 생각도 안 해요

—땅 부잣집 손자, 할머니가 남대문 수입상에서 사왔다고 자랑하며 먹는 입만 쳐다보다 졸졸 따라다니던 내 새끼 생각나서 그냥 올 수가 있어야지. 나도 손자 놈 손에 바나나 한번 들려주고 싶었어야

사과에도 밀려나고 귤에도 감에도…… 밀린 바나나
온몸에 까만 저승꽃 달고
베란다에 부채를 펼치고 앉아
날파리나 쫓으며 뒹구는 바나나

일편단풍

이 짱짱한 가을볕에
눅눅한 속옷 한 가닥 내걸어야겠다.
골방에서 퀴퀴하게 누렇게 떠
누룩처럼 뭉친 것 덩어리째 꺼내 아리하게 취할
님향한일편단심주라도 담아 한 항아리 안겨야겠다.
한 송이 꽃으로도 피어나지 못한
시퍼런 혓바늘 불러내
단풍나무에 걸어 잎으로라도 곱게 물들게 해야겠다.
빨랫줄에 내걸었던 마음
서걱대는 소리 위에
하늘에 널브러진 새털구름 한 자락 끊어다가
푹신하게 누빈 새털 잠바 하나 입혀야겠다.
저물기 전에
서녘하늘 흠뻑 물들인 붉은 약솜구름
살살 펴 발라줘야겠다.
억센 풀 성글게라도 풀신을 엮어
꽃밭을 걸어도 소리 나지 않게
꽃밭에 들어가도 꽃인 양

저 들국화 몇 송이 꺾어다

듬성듬성 수놓은 꽃신이라도 신겨주어야겠다.

전기장판

취침, 1도, 2도…… 누워서도 돌리기만 하면
오르락내리락 따라주던 장판이
아무리 돌려도 온도 조절기는 헛바퀴만 돈다
춘곤증이라도 걸린 건지
뜨뜻미지근한 취침에만 머물러 있다
며칠 전부턴 불면증 환자처럼
취침마저 들락날락한다

코드를 빼자
서서히 몸이 식는다
산소호흡기를 제거한 환자의 몸처럼

제 몸에 붙어 있던 전선을 잘라
몸을 둘둘 말아 염하듯 묶는다

묶인 몸을 들여다본다
이른 봄, 가을
욱신거리던 다리가

콕콕 쑤시는 허리가 눠어 있다
장판의 줄무늬 속에 병상일기처럼

삼계탕

속 들어낸 자리에
찹쌀 한 움큼 삼 세 뿌리
대추 몇 알 채워

물이 찰랑거리는 냄비에 안쳤다
바짝 웅크린 몸에
소름이 오돌토돌 돋는다

뿌연 김 속에서
푸욱푸욱 한숨을 내뱉는다
들썩들썩 날갯짓을 시작한다
꾸룩꾸룩 물을 들이켜며
몸을 뒤튼다

닭의 울음소리
울퉁불퉁 솟구친다

울음소리 잡으러
냄비 뚜껑 뛰쳐나간다

겨울 배롱나무

새까만 목피가
갈라져 터실거리는 목피가
숯이 되기 직전까지
불 속에서 담금질했지 싶다

여름 내내 100일 동안
피워냈던 붉은 꽃이
꽃이 아니라
제 몸을 태운
불이었구나 싶다

제3부

도마

도도도 도도도
박자 맞춰 걷는
칼의 걸음걸이에도

타다닥 타다닥
흥에 겨운
칼의 춤사위에도

실금이 그어졌지
조금씩 파여갔지
빗살무늬 상처로 남았지.

바다

너를 처음 본 순간
알았다
네가 바다라는 걸

내가 빠지면
다신 헤어 나올 수 없는
깊은 바다라는 걸

고래 1

나를 꽁꽁 묶어두었던 한 통의 전화

귀가 온통 전화기를 향할 때
선의 반대편에서 수화기를 들었다 놓는 소리
곰솔가지를 흔들었다

두 눈이 두 귀가
바다로 뛰어들었다

뭍에 오르는 코를 간질이는
촉촉한 살 냄새, 반짝이는 은빛 비늘
몸을 뒤척이며, 푸 푸우 숨을 내쉬는
고래 한 마리, 울산 바다.

고래 2
—해일

고래는 보이지 않았다

고래를 가둔 건 바다였다
고래를 묻은 것도 바다였다

갇힌 고래는
묻힌 고래는
나날이 힘을 키웠다
나날이 거칠어져갔다

몸을 뒤틀고 분노로 일어선다
파도가 파도를 타고 넘는다
거품이 꼬리를 차고 뭍으로 뛰어오른다

퍼런 몸이 해초처럼 휘청거린다
섬이 난파선처럼 주저앉는다

보리는 알고 있다

누렇게 익은 보리밭에
낫을 든 사람들이 모여든다

왼손이 덥석 한 움큼 움켜쥐면
오른손이 쥔 낫이 쓰윽 베어 눕힌다
쓰윽쓰윽 소리에 가지런히 눕는 보리

무거운 눈 밑에 눌려 있을 때
웃자라지 말라고 밟아주던 발을
쓰러지지 말라고 베어준 손을
보리는 잊지 않을 것이다

알곡은 마땅히 그들 입으로
들어가야 한다는 것도
보리는 알고 있다.

눈

어둠 드리운 그대 창가를
밤새 기웃거리다
창을 두드립니다
발끝으로 다가가는 나는
그대의 발레리나

두께를 가늠할 수 없는 창은
소리를 밀어내고
오래 열리지 않는 문은
비밀번호를 잊었어요

내리쳐진 커튼은 알까요
창가에 기대앉아
뜬눈으로 밝힌 나의 하얀 밤을

끝내 흔적도 없이 사라진
뜨거운 가슴
내 눈물은 차갑게 식은 종이비행기

그대의 겨울은 지금 몇 도인가요

기상이변

호미곶 7시 37분
정동진 7시 39분
낙산 7시 42분
새벽까지 묵은 얘기 하다 송년 특집 돌려가며 보다 잠깐 눈 붙이고 일어났다. 시계는 7시 25분, 다급한 마음으로 세수하고 옷 바꿔 입는다. 그 해가 그 해인데 어디서나 해맞이하면 되는 거지 뭐 바다까지 갈 거 있나! 바다를 한가득 담은 창의 커튼을 연다. 날이 훤하다. 아파트 마당엔 부지런히 오가는 발걸음들,

지난여름은 기상관측 이래 최고의 폭염, 겨울은 몇 십년 만의 혹한이라고 호들갑을 떨며 기상이변, 이변 하더니 이젠 해마저……

현관문이 열리며
—우리 '해맞이'하고 아침 대충 때우고 왔다
돌아보니 벽시계는 여전히 7시 25분
잠든 나를 남겨두고 바닷가로 나간 친구들

깜박, 일출을 건너뛴 시계
올해는 해도 안 떴는데 날이 밝았다

그 종소리

저녁참이면 딸랑딸랑
좁은 골목길 따라 걷던 종소리

두부를 손에 든 어머니가
—저 다리를 절고 두부를 파는 양반이
우리 옆집에 살던 총각이었네

종소리 따라 나가
두부 한 모 한 모 사다가
부쳐 먹고 지져 먹어도
먹지 못한 두부
냉장고에 그득히 쌓였다

어머니 돌아가시고
골목에서 떠나갈 줄 모르고
길게도 종이 울었다

—어머니 돌아가셨어요

절뚝절뚝거리며

종소리가 골목을 빠져나갔다.

길 하나 닦는 것이다

산다는 건 길 하나 닦는 것이다

풀잎 위에 잠시 앉았다 가는 이슬도
제 길 내고 왔다 또르르 제 길 따라가고

설악산 대청봉에 앉은 듯 누운 듯
허리 한 번 쭉 펴보지 못한 소나무도
비바람 앞에 고개 주억거리며 온몸으로
허공에 터널 뚫어가는 한생

이 늦은 저녁
노을을 등짐 지고 하늘을 나는 저 새들도
고단한 날개를 퍼덕이며
생의 남은 길을 닦고 있는 것이다

전생에 누가 걷던 길이었을까
아스팔트 길 기어가다
까맣게 말라 죽은 지렁이 한 마리

꽃들의 불공

빈 절 마당
봉선화 달맞이꽃 꽈리……
빨강 노랑 초록 등불 들고
벌 나비 불러 모아 향을 사른다

가피 입은 몸으로 곱게 태어난 은덕
갚고 또 갚아야 한다며

먼지 그득한 법당
부처님 계셨던 자리 향해
허공에 떠도는 목탁 소리 염불 소리 향해

백팔 배 천 배 삼천 배
한생이 다하도록 갚아도 모자란다며
씨앗 떨구어 해마다 피고 또 핀다

난민선

기우뚱
삶이 뒤뚱거린다

떠 있다는 것은
뿌리내리지 못했다는 것

어느 영해 어느 영공에도
목숨이 소속되지 않았다는 것

동서남북으로 손 내밀어도
맞잡아줄 손 없다는 것.

단풍

햇빛 받아 날줄
바람 불러 씨줄

밤이슬 축여가며
명주보다 더 고운
푸른 잎 짜 모아

홍화 염, 치자 염
천 염, 울금 염

빗물에 떫은 빛깔
우리고 또 우려

금빛 하늘 염
달빛 아래 다듬이질

천연 비색 옷차림
찾아온 가을 연인.

대학로에서

아르코극장 옆 노천무대
갓 잠에서 깬 듯한 두 사람이
박스 위에 마주 앉아 뚝배기를 비워가고
한 사나이가 모로 누워 있다

모로 누워 있는 사나이를
녹음 짙은 나뭇잎 사이를 비집고
해가 빤히 들여다본다
검은 머리카락이 듬성듬성 섞인 흰머리
철 지난 두터운 잠바 너덜거리는 소매 끝에
매끄러운 마디의 손가락이 가지런하다

떨거덕거리는 숟가락 소리에도
지나가며 힐끔거리는 눈빛에도
아랑곳하지 않고
실눈을 떴다 감았다 배냇짓을 하는 듯한
이 천연덕스러운 노숙자 역은

그가 이 골목에서 비운
밥그릇의 높이를 말해주는 듯

우리 사이

독도, 독도

아무렇지도 않던 독도가
독도, 독도, 독도……
열 번을 되뇌어도
아무렇지도 않을 것 같던 독도가

앞산처럼 바라보이자
눈물샘이 출렁거린다
눈이 뿌옇게 흐려진다

먼 길 왔다고 하늘도
뱃길 내내 펑펑 퍼붓던 비를 거두어들이는데
손 한 번 내밀지 않고 무심한 듯 앉아 있던 독도가
돌아서는 등 뒤에서 철썩철썩 속삭인다
바라보기만 해도 눈물 나는 사이를 아느냐고

내려다보던 하늘이
후두두둑 머금고 있던 빗물을 쏟는다

선거

연필은 살살 깎아야 해
잘못하면 심 건드리잖아

마이크 들고 심 전하던 그 대변인
심 잘못 전하다 툭 부러졌잖아

나무 옮겨 심을 때도
조심할 건 속에 든 심

요즈음 여기저기서
연필 깎는 소리 사각사각 들리는데

눈치껏 깎아야지
살살 깎아내야지
중심은 온전해야지

어머니

어머니 뒷모습
아슴히 보이던 그 고갯길
이제는 제가 넘고 있습니다

푸른빛은 어느새 주홍빛으로 익어
서리 맞은 농익은 감처럼
고갯마루에 걸려 있고

날개 꺾인 새 한 마리 품속에 파고들어
가슴속 오랜 사연 하나 둘
부리로 물어내어 되새김질합니다

어머니, 이 고갯길에 다다르니
새들의 울음소리 이다지 의연하고
지는 노을빛이 이리도 곱습니다

연필

나무를 그렸다
한 잎 한 잎
잎사귀를 피워나갔다
새도 불러 앉혔다
새 노랫소리에 잎은 더 푸르렀다

새의 노랫소리가 허공으로 날아갔다
나무가 생기를 잃었다

나뭇잎을 덧그리려 하자
도화지가 말했다
한 번밖에 그릴 수 없다고
희미한 밑그림이 노을에 잠겼다

허기를 느꼈는지
쓰레기통이 입을 벌리고 있다

하나의 별

하늘엔 오직
하나의 별만이 떠 있다

모든 별을 다 지운 하나의 별
모든 빛을 다 가린 하나의 별

나의 별
하나의 별만이 떠 있다.

제4부

카트

동전 한 개로 조종된다고 깔보지 마라
열 배 백 배 되는 지폐 내밀어도 꼼짝 안 하는 배짱
은빛 금빛 포장된 카드가 와도 눈도 깜짝 안 한다

반값 세일하는 오이 호박
원 플러스 원에 얹혀 가는 식용유
파장에 몽땅 떨이 되는 생선류로 생각하면 큰 착각

내 몸값은 연중 노 세일이다

돌고 돌아 돈이란 말
먹고 오리발 내민다는 말
내 사전에는 없다

무거운 짐 져준 대가마저 돌려주고 나서야
나는 나
홀가분한 빈 몸

기독교 공원 묘지

'이장 신고 6월 30일까지'
40년 거주한 죽음의 임대 기간이 끝났다고
체납 세금 독촉장처럼 이장을 재촉한다

현수막 글씨처럼 붉은 넥타이를 매고
문밖에 서 있는 중형차 같은 듬직한 소파에 몸을 기댄 추진위원장님
—여긴 아파트 부지로 이미 공고를 마쳤습니다 맡겨만 주신다면 보상에서 이장까지 다 알아서 해드리죠 맑은 공기, 새들의 노랫소리는 기본으로 들어 있는 청정한 북쪽으로 조금 더 올라가는 거죠 아아 대리석만은 옵션입니다
하늘의 음성인 듯 묵직하게 내리누르는 말씀

—네네 파주보다 더 북으로요, 네에!

동작 빠른 죽음들은
시세 파악을 미리 해둔 죽음들은
명당을 진작 봐둔 죽음들은

새 묘비에 새긴 이름으로 부활하셨다는데

성경책을 옆구리에 낀 어머니 아버지
땅속에서도 식지 않을 믿음의 말씀을 붙들고
현수막처럼 허공을 떠돌고 있다.

세탁기

비가 쏟아진다
폭풍이 휘몰아친다

누가 저 위험한 문에 손을 댈 것인가

꽃분홍 미니스커트는 구겨지고
어둠에 전 청바지는
낡은 작업복의 피로와 한데 얽혀 있다

거품이 돈다
소리와 소리가 꼬리를 물고 돌아간다

갑자기 귀를 찌르는 날카로운 소리에
어둠이 덜덜 떤다

주머니에서 칼이 나왔다
무엇을 베고 싶었을까
무엇을 찌르고 싶었을까

심장에 칼을 품고도 저리 멀쩡한 세탁조의
주머니엔 뭐가 들어 있을까

속초 시청 담장

붉은 장미 만발한 시청 담장

난전 대체 부지 무상 임대 약속 지켜라!
생존권도 사라지고 어민들 다 죽는다!

시커먼 현수막들 목청을 돋운다
아침부터 잔뜩 찡그린 하늘은
한바탕 욕이라도 퍼부을 기세다

좌판대를 뺏긴 여인들은
마른 명태처럼 입을 벌리고
싱싱한 비린내를 끌어올리던 어부들은
북과 꽹과리로 성난 구호를 건져 올리고 있다

바다에서 갓 건진 오징어가 열 마리에 만 원이요 만 원
다섯 사람이 실컷 먹고도 남는 회가 한 접시에 오만 원
난전에 있어야 할 외침들이
시청 마당으로 우르르 밀고 들어가면

일 년 내내 눈 한 번 껌뻑이지 않던 담장이
담장을 덮고 있던 넝쿨장미의 활짝 웃음이
아닌 척 상인 무리를 밀어낸다

지팡이 하나가

지하철 문이 열린다
다리들이 우르르 몰려나온다
허둥지둥과
앞과 뒤가 엉켜 뛴다

텅 빈 공간에 남겨진 다리 둘

스크린 도어가 힘없는
손을 잡아 일으킨다
비스듬히 기대 있던 몸이
직립을 위해 애를 쓴다

첫발 내딛는 아이처럼
한 다리가 겨우 바닥에서 떨어진다

절룩절룩 처지는 다리를
지팡이는 자주 뒤돌아본다

종일 종종거리는
동대문역 오후 4시를 통과하는
의젓한 지팡이

바쁜 다리들이 미처 보지 못한 다리를 데리고
엘리베이터를 향해 가고 있다
위쪽 출구는 가파르다

남순이

—언니가 손에 힘이 없어서 못 뽑았어
사립초등학교 추첨에 떨어진 아이가
누워 있는 엄마를 보자마자 울먹거린다

—미안해 미안해 언니가 잘못했어
아이를 껴안고 설움을 터뜨리는 남순이

엄마 아빠 얼굴도 모르고
수녀님을 엄마라고 부르다
열일곱 살에 우리 집에 온 남순이
폐병을 앓아 또래보다 키가 한 뼘이나 작고
뼈만 앙상했던 남순이

'언니' 하고 부르면 '으~응'
구슬 구르듯 대답이 달려오고
언니랑, 언니가, 언니한테
말끝마다 언니 노릇을 단단히 했던 남순이

호텔 로비처럼 치장한 학교 강당에서
손에 힘이 넘치는, 힘들로 가득 찬 그 강당에서
힘이 아닌 구슬을 뽑는 추첨에서만이라도
한 번쯤 행운을 거머쥐고
언니가 뽑았다!
외치고 싶었을 남순이

청초호

바다를 넘본 적 없다
짠물이 넘실넘실 넘어와 살을 섞어도
비릿한 바람이 살랑살랑 치맛자락 흔들어도

하늘이 되고자 한 적도 없다
울산바위가 하늘로 치솟아도
갈매기가 손짓하며 위로 날아도

하늘을 우러르며
파도 소리 벗 삼아 살아갈 뿐

그 새벽

철창 속에 갇혀 실려 가는 투견처럼
우리들은 그렇게 끌려가야만 했다
내 고향 광주로

훈련 중에 그리되었노라고
잃은 한쪽 다리에 대해
둘러댔던 것처럼 둘러댈 말도 없었다
그건 '명령'이었다, 나는 군인이었다
고도 말할 수 없었다

30년이 넘도록 내 몸에 붙어 있는 의족처럼
30년이 넘도록 따라다니는 환지통처럼
30년이 넘도록 자다가도 벌떡벌떡 일으켜 세우는

그 '명령'에 대해, 그 '현장'에 대해

개나리 촛불

광화문에서 열린 집회
들불처럼 산불처럼 일어섰다는데
조류가 남해에서 서해까지 뚫렸다는데
대한민국 강원도 하고도 속초 청초 호수 둑에
'이곳은 철새 도래지입니다'
현수막은 파도에 흔들리는데
다문다문 개나리가 들고 있던 노란 촛불
바람 타고 슬슬 번지는가 싶더니
칼바람에도 불통인 동백이
하야할 때까지 기다릴 수 없다고
고고한 매화가 목청을 터트릴 때까지
입 봉하고 있을 수 없다고
조류독감도 모대기 모대기
소문처럼 번져가는데
2016년 하고도 12월 6일
누군 몇 백만이라 하고 누군
한 줄기 입김에 사라질 봄눈 같다는데
이가지저가지이가지저가지이가지……

119도 손쓸 수 없는 노란 촛불
어수선한 발길 따라
호숫가를 덮어나간다

콩꽃 마을

김영애 할머니를 처음 본 건 삼십여 년 전
원조, 옥돌, 학자……, 씨와 함께
몸집보다 더 커다랗게 적힌 이름 옆에 앉아
맷돌을 돌린다

미시령 넘나드는 갯바람에
끌려온 바닷물이 몸을 뒤채고
바닷바람을 먹은 콩이
맷돌의 뱃속으로 들어가
돌돌돌 순두부가 되는 소리

할아버지들의 기침 소리도
놀이터도 없는 마을에서
손자들을 먹여 키우고

모두 잠든 깊은 밤에도
간판 속 할머니들이 부지런히 맷돌을 돌린다

라디오

아버지의 목침, 그 곁에는 목침을 닮은 라디오가 있었다. 채널을 돌려가며 흥미진진한 이야기를 들려주던 라디오. 국내 소식을 전하다 해외를 마음대로 넘나들고 과거와 미래를 뛰어넘어 영국의 산업혁명과 프랑스 시민혁명을 중계하던 라디오. 토막 난 이 땅이 일본인지 이북인지 분간도 못 하는 어린 청취자, 자식들을 모아놓고 입으로 초에 불을 붙여 다가올 집회를 들려주던 라디오. 우리들의 생생한 라디오, 아버지! 안에서만 열리던 집회가 거리로 나올 즈음 레코드판처럼 쉼 없이 돌아갈 줄로만 알았던 라디오는 지지직거리고 멎곤 했다.

머리띠를 매고 거리에서 소리를 지르는 메가폰 소리가 들린다. 그 소리에 가만히 귀 기울여 들어보면 귀에 익은 반세기 전에 목침을 베고 있던 라디오의 소리가 들려온다.

사과 공장

공장이 분주해졌다
겨울 휴가 끝내고 자리 배치가 시작되었다
햇빛 쪽으로 자리다툼도 벌어졌다
승진을 위해선 어쩔 수 없는 일
실하게 꽃을 피워야 대리 과장
차장 부장이 다닥다닥 열린다

자리가 정해지면 매일 출근해
햇빛 도장 찍고
바람 사인을 받아야 한다
이를 게을리하다간 열매가 되어서도
안심할 수 없다

폭풍우가 기습 감사라도 나오는 날이면
바람이 내리친 사정의 칼날에
우수수 해고당하기 일쑤

낙과들은 나무가

지구온난화의 사주를 받은 거라고
부당 해고라고 뒹굴며 시위하지만
억울하긴 나무도 마찬가지
생산 목표를 달성하지 못하면
몸통이 잘려 공장 문을 닫아야 하니
어찌 온몸으로 맞서지 않으랴

속초 포켓몬스터

비 쏟아지는 청초 호수 둘레를
은어隱語들이 둥둥 떠다니고
중얼중얼 히죽히죽이 종일 어기적거리고
어깨들이 툭툭 치며 드러내놓고 접선을 하고
공중화장실 여자 줄에서 킥킥거리는 소리에 후다닥 남자 줄로 옮겨가고
24시 편의점 줄 선 컵라면들 나무젓가락에 꽂힌 채 밤 가는 줄 모르고
엑스포 광장 옆 도로
'가자 속초로' 이마에 써 붙인 관광버스 두 대
부르릉거리며 재촉하는데
탈 생각도 하지 않는 줄만 길게 늘어서 있고
운전석도 핸들 대신 공만 잡고 있고

오나가나 널려 있던 명태 구경한 지도 오래인데
오징어 문어 가자미 해파리까지 원정 공잡이들이 싹쓸이해 가는데
날아다니는 새, 굴러다니는 돌멩이까지 눈에 보이는

대로 공이 낚아채 가는데

'수상한 사람 보면 신고해 상금 받고 애국하자'는 포스터도 자취 감춘 지 오래인데

이 이상한 사람들을 어디다 신고를 해야 할지 나는 모르겠는데

태초 마을 속초는 거리건 공원이건 알 수 없는 암호를 쓰고 접선하는

공잡이들의 세상이 점점 되어가고

세놓습니다

안경 너머로 바늘귀를 꿰던 눈
연필심에 침 묻혀 쓱쓱 버선본 그어나가던 손
자 대신 치수 재던 팔
문틈으로 새어나오는 삭둑삭둑 가위질 소리
결혼 환갑 명절빔 켜켜이 쌓여 있던 바느질감
엄마와 딸 며느리까지 단골로 만들던 매운 손끝

봄가을이면 갑사 국사, 여름에는 모시 은조사 번갈아
입고 삼동에는 양단 치마저고리 위에 공단 토끼털 배자
껴입고 머리에는 조바위를 쓰고 앉아 달달달 손재봉틀
돌리다가도 지나가는 발길에 고개 돌려 명주처럼 착착
감기는 보드라운 웃음 보내던 할머니

'세놓습니다'
시장 골목을 고풍스럽게 수놓던 할머니
이제는 간판으로만 남아 있는 고전한복집.

자리

주인의 눈이 빠르게 움직인다
눈이 콕콕 찍고 지나간 것을
손이 끼고 있는 목장갑으로 빙글빙글 돌려 닦는다
때깔 곱고 반듯한 쪽을 앞세워
진열대에 차곡차곡 포개놓는다
어지간히 고르고 나자 박스에 처진 것들을
난전 바닥 펑퍼짐한 플라스틱 바구니에
와르르 쏟아놓는다
한 무더기, 한 바구니에 얼마씩
팔려나갈 것들이다

주인 곁에는 한 달에 한 번 그가 건네준
봉투에 든 돈만을 만지던 여인이
오늘 아침 사과처럼 그의 눈에 들어
돈을 받고 거슬러주며
수시로 돈 통에 손이 드나들고
가게의 안과 밖에는
놓인 자리가 달라진 과일들이
서로 쳐다보고 내려다보고 있다

동서고속철은 바쁘다

—30년 우려먹었으면 약속 좀 지키자
—동서고속철 꺼내지도 마라 표 떨어진다
어제까지 막말 펄럭거리던 현수막 자취 감추고

함께라서 해냈습니다(동서고속철 추진위원회)
—김○○ 도의장님, 박○○ 시의장님 수고하셨습니다(○○고등학교 총동문회)
—대통령님 감사합니다, 수고하셨습니다, 신뢰의 정치 믿음의 정치……

대통령, 국회의원, 도지사, 시장, 군수, 도의원, 시의원
삼십여 년을 선거 때만 되면 표 실어 나르던 동서고속철
현수막 속에서 달릴 듯이 폼 잡고 있는데

8차선 도로 건너편에서
—이제는 조기 착공이다
—대륙의 꿈, 속초에서 시작된다
승차 대기표들이 펄럭, 펄럭거린다.

도루묵 축제

알이 꽉 찬 배를 거만스레 내민 배불뚝이 도루묵
차에서 내리자마자 멍게 해삼 오징어를 향해
—너희들은 뭐냐?
—들러리로 왔지요
—그렇지, 도루묵 축제니까

—문어의 축사가 있겠습니다
대머리 문어가 단상에 올라
해삼 멍게 오징어의 박수를 받고
—낙지의 축사가 있겠습니다
머리에 먹물 든 낙지가
해삼 멍게 오징어 박수를 받고
—뜀뛰기 선수 망둥이의 축사가 있겠습니다
어물전 망신이나 시킨다는 망둥이도
새우 꽃게 조개들의 박수를 받는데
바닥에서 한나절 꾸덕꾸덕 말라가던 도루묵

—우리는 뭐지?
—도루묵이죠, 말짱 도루묵

푸른하늘 시인선 001

괜찮아 차밍걸

초판 인쇄 2020년 4월 10일
초판 발행 2020년 4월 15일

지은이 서담
펴낸이 이정란
펴낸곳 이인북스

등록번호 2007년 12월 14일 제311-2007-36호
주소 (03442) 서울시 은평구 증산로17길 6-27, 301호
전화 02-6404-1686
팩스 02-6403-1687
이메일 2inbooks@naver.com

ISBN 978-89-93708-62-2 03810

값 9,000원

• 이 도서의 국립중앙도서관 출판예정도서목록(CIP)은 서지정보유통지원시스템 홈페이지(http://seoji.nl.go.kr)와 국가자료종합목록 구축시스템(http://kolis-net.nl.go.kr)에서 이용하실 수 있습니다.(CIP제어번호 : CIP2020013549)